Raconte-moi la piscine de Béthesda

Djessa Gervais Gnaco

Raconte-moi la piscine de Béthesda

© 2025 Djessa Gervais Gnaco

Édition : BoD · Books on Demand, 31 avenue Saint-Rémy, 57600 Forbach, bod@bod.fr

Impression : Libri Plureos GmbH, Friedensallee 273, 22763 Hamburg (Allemagne)

ISBN : 978-2-3226-3455-2

Dépôt légal : mai 2025

Table des matières

Avant-Propos

« À tes résolutions répondra le succès ; Sur tes sentiers brillera la lumière.

Vienne l'humiliation, tu prieras pour ton relèvement : Dieu secourt celui dont le regard est abattu. »

— **Job 22, 28-29**

Introduction

Nous rencontrons souvent, dans notre quotidien, des personnes qui traversent des moments difficiles : spirituel, physique, matériel, moral, émotionnel et bien d'autres... Cependant, il nous arrive de passer près d'eux sans nous en soucier.

Il est dit dans **Romains 8, 19** :
« Car le grand et ardent désir des créatures est qu'elles attendent que les enfants de Dieu soient révélés. » (Bible Martin)
« Aussi la création attend-elle avec un ardent désir la révélation des fils de Dieu. » (Bible Thompson)

De ces deux versions, la création, celle déchue à la suite du péché d'Adam, subit la conséquence de la colère de Dieu lorsqu'il maudit le sol[1]. Ainsi, la création est dans l'attente d'un jour meilleur, comme la femme enceinte impatiente d'arriver au jour de l'enfantement. La création se trouve dans un état de détresse profond. Sa souffrance, ses difficultés spirituelles et émotionnelles sont telles qu'elle sollicite une aide urgente de la part du Créateur.

Toute la création, qu'elle soit païenne ou chrétienne, éprouve intensément le poids d'une frustration commune.

Comme le dit le pasteur David M. Kasali, le jour vient où la création sera, elle aussi, délivrée de l'esclavage du péché et de la mort, qui aboutit inévitablement à la pourriture, et elle entrera dans la liberté glorieuse des enfants de Dieu.

---

[1] **Genèse 3,17** : « Il dit à l'homme : Puisque tu as écouté la voix de ta femme, et que tu as mangé de l'arbre au sujet duquel je t'avais donné cet ordre : Tu n'en mangeras point ! Le sol sera maudit à cause de toi. C'est à force de peine que tu en tireras ta nourriture tous les jours de ta vie, » (LSG)

La Bible d'étude, version du Semeur, le traduit ainsi : « C'est lors de la résurrection que seront "révélés" les croyants car, jusqu'à ce jour, ils sont solidaires de l'humanité tout entière et, par leur corps, ils appartiennent encore à la création qui est soumise à la corruption et à la mort. » Ainsi toutes ces personnes que nous voyons le long des chemins et en divers lieux, dans la souffrance et les injustices, attendent l'avènement de cette délivrance.

Cependant, le chrétien, qui représente la lumière et l'espoir, sera d'une importance capitale dans ce changement positif. Tandis que nous attendons, dans la joie de l'espérance, la résurrection promise, le Seigneur nous investit de son autorité et sa puissance ; ainsi, les chrétiens sont envoyés comme témoins auprès de ceux qui ne le connaissent pas encore. À l'image du Maître, le chrétien agira avec amour, compassion et justice afin que ces personnes reçoivent la bonne nouvelle du salut et de la réconciliation de notre Seigneur et Sauveur Jésus-Christ.

La question cruciale que nous devons nous poser est de savoir comment nous pourrons agir sur la créature en tant que chrétien et provoquer une transformation contre elle. Que doit être notre approche vis-à-vis de ces personnes ?

La réponse se trouve dans la mission qui nous a été donnée dans **Matthieu 28, 19** :
« Allez, faites de toutes les nations des disciples, les baptisant au nom du Père, du Fils et du Saint-Esprit. » (LSG)
« Allez chez tous les peuples pour que ces gens deviennent mes disciples. Baptisez-les au nom du Père, du Fils et de l'Esprit Saint. » (Bible Parole Vivante)

Nous allons, au travers de multiples récits des écritures de la Bible, prendre un fait pour illustrer notre méditation sur la question.

Chapitre 1 - La piscine de Béthesda

Jean 5, 1/15 :

« Après cela, il y eut une fête des Juifs et Jésus monta à Jérusalem. Or, à Jérusalem, près de la porte des brebis, il y a une piscine qui s'appelle en hébreu : Béthesda et qui a cinq portiques... Là se trouvait un homme infirme depuis 38 ans. » (Bible Thompson)

Dans le contexte de ce récit, nous voyons que le Seigneur Jésus-Christ se rend à Jérusalem, la ville sainte, plus précisément la "ville de la paix" ou "la paix apparaîtra".

Dans la tradition hébraïque, la paix signifie shalom. Ce mot *shalom* a pour racine "plénitude", "intégrité" et "bien-être complet". Le dictionnaire donne comme signification "l'absence de conflit ou de guerre entre des personnes". *Shalom* implique donc un état de paix intérieure, de justice, d'harmonie et de réconciliation, tant dans les relations humaines que dans la relation entre l'homme et Dieu.

En reformulant la phrase, nous dirons : « Jésus-Christ se rend dans la ville où règne une harmonie parfaite entre les hommes, un peuple vivant dans une plénitude totale, caractérisé par l'intégrité et un bien-être absolu, et une relation profonde et équilibrée avec Dieu ».

Historiquement, Jérusalem était une ville entourée d'une muraille protectrice percée de portes. L'une d'elles, la porte des Brebis, se trouvait au nord de la ville et menait directement au temple.

La Bible nous enseigne que notre Seigneur et Sauveur Jésus-Christ est appelé "la porte des brebis". **Jean 10, 7** :

« Jésus leur dit encore : En vérité, en vérité, je vous le dis, je suis la porte des brebis. » (BLS)

Ce passage nous enseigne que le salut s'obtient en passant par la porte des brebis qu'est Jésus-Christ.

Une indication annonçant ce qui va se passer à cet endroit. C'est à cette porte que se trouvait la piscine de Béthesda.

Que signifie Béthesda ? Béthesda veut dire : "Maison de miséricorde". L'eau de cette piscine avait des pouvoirs curatifs. Par conséquent, plusieurs malades se rendaient à la piscine de Béthesda dans l'espoir d'être guéris. Lorsque nous rapprochons les noms de Jérusalem et de Béthesda, paix et miséricorde, la probabilité qu'un miracle se produise était plus grande que dans un autre endroit de Jérusalem.

Jacques 2,13 :

« Car le jugement est sans miséricorde pour qui n'a pas fait miséricorde. (Mais pour celui qui a montré la miséricorde), la miséricorde triomphe (victorieusement) du jugement. » (Bible Détaillée)

Romains 9, 15 :

« Car il dit à Moïse : "Je ferai miséricorde à celui à qui je fais miséricorde, et j'aurai compassion de qui j'ai compassion". » (BFC)

La définition de miséricorde selon le dictionnaire Larousse est "une pitié qui pousse à pardonner à un coupable, à un vaincu ; pardon accordé par pure bonté".

La miséricorde divine, elle, c'est quand l'amour de Dieu nous rencontre et nous aide au milieu de nos souffrances et de nos péchés. L'attribut de Dieu qui explique son dessein du salut de l'humanité.

Le contraire de miséricorde est : la rancune. Elle favorise la pérennité du conflit et des troubles. La rancune mettrait à mal l'intégrité d'une relation.

Jean 5,3 nous dit :

« Sous ces portiques [dits Porte des Brebis] étaient couchés en grand nombre des malades, des aveugles, des boiteux, des paralytiques [...] » (BLS)

Oui, ce tableau présente un profond contraste entre la symbolique de ces lieux et la réalité qu'on y observe.

Pour commencer, la ville de paix, Jérusalem, où se trouve la maison de miséricorde Béthesda, représente des lieux de sérénité, de compassion et de guérison. Par ailleurs, le contraste avec la présence d'un grand nombre de malades met en lumière une situation de souffrance qui persiste malgré l'environnement bienveillant. L'état spirituel du monde actuel.

Avant de poursuivre notre récit, nous devons comprendre de quoi il est question ici.

C'est l'histoire d'un Juif atteint d'une infirmité. Il est couché aux abords de la piscine, recherchant la guérison depuis trente-huit ans, plus d'une génération d'âge.

Ce lieu nous fait penser à ces grandes campagnes d'évangélisation tenues dans les pays où les autorités le permettent. Ces rassemblements ont lieu dans des stades de football, de vastes espaces où de nombreuses personnes se rendent pour écouter le message du salut, mais surtout pour recevoir la guérison et la délivrance des mauvais esprits. Ainsi, comme ces grandes croisades d'évangélisation, tous ces malades couchés sous les portiques y étaient pour la guérison.

À travers l'orateur, Dieu accomplissait de grands miracles, confirmés par des signes visibles et des démonstrations de puissance. Des malades étaient guéris, des esprits impurs sortaient des corps en poussant de grands cris...

De même, à cet endroit, à la piscine de Béthesda, la Bible nous enseigne qu'un ange venait à l'occasion toucher l'eau de la piscine. Ainsi, dès qu'un malade tombait dans l'eau, automatiquement il était guéri.

N'est-ce pas là, la déclaration du Seigneur quand il dit en **Matthieu 11,12** :
« Depuis le temps de Jean Le Baptiste jusqu'à présent, le royaume des cieux est forcé, et ce sont les violents qui s'en emparent. » (BLS)[2].

Voici une autre explication. Jusqu'à Jean, sous le régime de la loi et des prophètes, Israël tout entier était le peuple de Dieu, mais vu son état d'impiété, Jean avait annoncé l'établissement du royaume et prêché la repentance nécessaire pour y entrer. Les Juifs orgueilleux disaient : "Nous avons Abraham pour père", mais ne voulaient rien d'un royaume introduit de la sorte, et conduisirent le peuple à rejeter le Roi. Aussi ceux d'entre eux qui acceptaient la parole du Seigneur dans le sermon sur la montagne : Luttez pour entrer par la porte étroite.

---

[2] « Si on lit positivement cette parole, on peut y voir une description de la puissance avec laquelle le royaume fait irruption dans l'histoire de la venue de Jésus et les miracles qui l'accompagnent, les violents étant ceux qui s'en emparent sans attendre avec la vigueur de la foi. » Commentaire du Semeur p.1551

Il en est de même de nos jours, nous sommes dans un monde qui rejette Christ. Il est crucial de ne pas se contenter de résister à ce monde, mais de le vaincre grâce à Jésus-Christ pour avancer sur le chemin étroit qui mène à la vie. (Commentaire biblique)

En d'autres termes, le pardon de nos péchés, la délivrance, la guérison, la bénédiction, ainsi que les percées financières, sont accordées à celles et ceux qui font preuve de fidélité et de détermination envers le Seigneur.

L'eau ici symbolise la parole de Dieu et l'ange qui vient remuer l'eau est un type du Saint-Esprit.

Par conséquence, quand la parole (le *Logos*, l'information) rencontre le Saint-Esprit (le *Rema*, la révélation), celle ou celui qui reçoit cette compréhension est automatiquement béni.

Dans le judaïsme, l'eau est aussi régulièrement le symbole de la procréation. L'eau est la vie et fait revivre l'esprit.

Zacharie 13, 1 :

« En ce jour-là, jaillira une source pour purifier de leurs péchés et de leurs impuretés la famille de David et les habitants de Jérusalem. » (BLS)

Voyons **Ésaïe 44,3** :

« En effet, je ferai couler de l'eau sur le sol qui a soif, des rivières sur la terre sèche. Je répandrai mon esprit sur tes enfants, et ma bénédiction sur les enfants des enfants. » (Bible Parole Vivante).

Dans l'échange avec Nicodème, le Seigneur Jésus tient les mêmes propos que les prophètes Ésaïe et **Ézéchiel 36, 25 -27** :

« Je répandrai sur vous une eau pure, afin que vous deveniez purs, je vous purifierai de toutes vos souillures et de toutes vos idoles. Je vous donnerai un cœur nouveau et je mettrai en vous un esprit nouveau, j'enlèverai de votre être votre cœur de pierre et je vous donnerai un cœur de chair. Je mettrai en vous mon propre esprit et je ferai de vous des gens qui vivent selon mes lois et qui obéissent à mes commandements pour les appliquer. » (BLS)

L'eau représente l'Esprit (les deux sont souvent associés). La terre aride est le peuple de Dieu qui ne porte pas de fruits. Telle une pluie rafraîchissante et fertilisante, l'Esprit sera répandu sur le peuple. Il sera question d'une transformation de l'intérieur qui se fera par l'Esprit de Dieu. Pour conclure sur ce chapitre, l'eau purificatrice est une image de l'Esprit.

En revenant à l'action du *Logos* et du *Rema*, ils doivent être une réalité vivante chez le chrétien. Qu'ils soient un vécu de chaque jour, et qu'ils embrasent puissamment nos assemblées !

Cela dit, cela ne se produit pas toujours dans nos églises. Le chrétien ne parvient pas à remporter la victoire en raison de plusieurs facteurs. Citons : l'ignorance des promesses, l'incrédulité, l'infidélité à

Dieu, la distraction pendant la prédication, les causeries, les téléphones portables, les retardataires, le sommeil...

Il est donc important pour le chrétien d'être concentré pendant la prédication.

Chapitre 2 - La feuille de route de Jésus-Christ

Job 1, 6-7 :

« Or, un jour, les anges se rendirent au conseil de l'Éternel. L'Accusateur (Satan) vint aussi parmi eux. L'Éternel dit à l'Accusateur : D'où viens-tu donc ? Celui-ci lui répondit : je viens de parcourir la terre et de la sillonner. » (BLS)

Ici, un événement se déroule dans le ciel au conseil de Dieu. Durant ce conseil, la Bible nous dit que l'Accusateur (Satan) était présent. Il avait même eu droit à la parole.

Selon **Apocalypse 12, 9-10** :

« Il fut précipité, le grand dragon, le Serpent ancien, qu'on appelle le diable et Satan, celui qui égare le monde entier. Il fut précipité sur la terre, et ses anges furent précipités avec lui. Puis j'entendis dans le ciel une voix puissante qui disait : Maintenant, le temps du salut est arrivé. Maintenant, notre Dieu a manifesté sa puissance, il a instauré son royaume. Maintenant, son Messie a pris l'autorité en main. Car l'Accusateur de nos frères, celui qui, jour et nuit, les a accusés devant Dieu, a été jeté hors du ciel. » (BLS)

Ainsi donc, à ce Conseil, les anges restés fidèles à Dieu faisaient leurs rapports après avoir parcouru la terre. Ces rapports concernaient la création, mais bien plus les êtres humains.
Mettons-nous un instant dans le contexte de ce Conseil. Écoutons le rapport de l'un d'eux. Voici ce qu'il donne comme information : « Maître, Seigneur, un de vos enfants a grandement besoin d'aide. Il se tient faible et souffrant, et fait partie des nombreux malades qui se tiennent près de la piscine de Béthesda, espérant être guéris. Malgré sa bonne volonté, il n'arrive pas à recevoir la guérison à laquelle il a droit ».

Après avoir noté ce rapport qui retient son attention, l'Éternel Dieu fait appel à Christ qui vaquait à ses occupations.

Dans **Proverbes 8, 30** :

« J'étais à l'œuvre auprès de lui, Et je faisais tous les jours ses délices, Jouant sans cesse en sa présence. » (BLS).

Je pense ici que la sagesse dont il est question est le Christ. Dans d'autres traductions : « Je me tenais à ses côtés comme son enfant chéri [selon une autre vocalisation du mot hébreu] ».

Ce que l'auteur semble souligner ici, c'est que la sagesse a assisté à l'œuvre divine de la création. Le même auteur a déjà affirmé que c'est par la sagesse que Dieu a créé le monde. La sagesse n'était donc pas spectatrice (Commentaire Bible d'étude version du Semeur).

Il se tenait aux côtés du Père, jouant en sa présence comme un fils. Ainsi, lorsque le Père appelle son Fils Christ, il lui donne les instructions.

Il met en lumière le mandat divin de Christ afin de réussir son ministère terrestre. Par conséquent, chaque action de Jésus, durant sa mission terrestre, comprenait le cas de cet homme à la piscine de Béthesda.

En créateur parfait, Dieu donne un plan divin prédéterminé, la "feuille de route" que Christ suivra scrupuleusement pour accomplir sa mission de rédemption, de guérison et d'enseignement. Oui, notre Seigneur a reçu tout pouvoir pour agir sur la terre.

Matthieu 28, 18 :
« Alors Jésus s'approcha d'eux et leur parla ainsi : J'ai reçu tout pouvoir dans le ciel et sur la terre ... » (BLS)

Jean 3, 27 :
« Jean répondit : Nul ne peut s'attribuer une autre mission que celle qu'il a reçue de Dieu. » (BLS)

Beaucoup de chrétiens, au passage, estiment que le chrétien doit quotidiennement avoir une attitude pieuse, vivre renfermé sur lui-même sans jouir de la vie. La Bible nous montre notre Seigneur Christ qui joue sans cesse en la présence de son Père. Par ailleurs, je prie que cette révélation aide plusieurs de mes sœurs et mes frères à revoir leur position sur le Père que nous avons.

En effet, pour certains, Dieu serait un vieux monsieur aigri, méchant, prêt à punir pour un oui ou un non. Ainsi, pour lui plaire, ils doivent vivre pauvres, malheureux, en marge de la société, s'interdisant toutes formes de plaisir comme le cinéma ou le restaurant etc. Cette façon de percevoir Dieu sous ce prisme de méchant est totalement en contradiction avec la parole de Jésus dans **Matthieu 6,6**[3] **et 6,9**[4].

---

[3] « Mais quand tu pries, entre dans ta chambre, ferme ta porte, et prie ton Père qui est là dans le lieu secret ; et ton Père, qui voit dans le secret, te le rendra. » (BLS)
[4] Voici donc comment vous devez prier : Notre Père qui est aux cieux ! Que ton nom soit sanctifié [...] » (BLS)

Jésus présente le Père présent à nos côtés dès que nous décidons de lui parler. Quel grand privilège d'avoir le Dieu Créateur des cieux et de la terre comme Papa, oui, ton Papa ! Que dire de **Matthieu 7,11** :

« Si donc, tout mauvais que vous êtes, vous savez donner de bonnes choses à vos enfants, à combien plus forte raison votre Père céleste donnera-t-il de bonnes choses à ceux qui les lui demandent ? » (BLS)

Sois libéré, frère, de cette image négative que tu as de Dieu. C'est un Père très attentionné, capable de pouvoir à chacun de tes besoins.

Jean 8,32 :

« Et vous connaîtrez la vérité, et la vérité vous rendra libres. » (Martin Bible)

Connaître la vérité, c'est avoir la révélation du plan de salut que Dieu a révélé par la vie et les paroles de Jésus.

Chapitre 3 - Jésus-Christ à la piscine

Jean **5, 1** débute par "Après cela", comme pour montrer une continuité dans un processus, voir le prolongement d'un événement majeur. En effet, Jésus venait de faire un miracle dans la ville de Judée en Galilée. La guérison du fils d'un haut fonctionnaire.

Jean 5,5 :

« Or il y avait là un homme infirme depuis trente-huit ans. » (Darty Bible)

Au milieu de tous ces malades, et ce, en dépit d'un grand nombre, Jésus se dirige vers ce malade en particulier, comme une géolocalisation afin d'exécuter une mission. Mieux, il sait la situation de celui-ci.[5]

---

[5] **Jean 5,6** : « Jésus, l'ayant vu couché, et sachant qu'il était malade depuis longtemps, lui dit : Veux-tu être guéri ? » (LSG)

Selon **Jean 6, 38-39** :

« Car je suis descendu du ciel pour faire, non ma volonté, mais la volonté de celui qui m'a envoyé. Or, la volonté du Père qui m'a envoyé, c'est que je ne perde rien de tout ce qu'il m'a donné, mais que je le ressuscite au dernier jour. » (LSG)

Notre Seigneur Jésus-Christ suit la mission prédéfinie par Dieu le Père. Dans cette feuille de route qui comprend le plan de salut pour l'humanité, cette étape de la piscine y figure. Alors, lorsque Jésus arrive en ce lieu, il se dirige vers cet homme.

Tu n'es pas caché du Seigneur et Sauveur Jésus. Toi aussi, tu es géolocalisé par lui. Sois dans l'expectative et garde la foi durant cette période d'attente, de souffrance, voire d'injustice. Les écritures bibliques tirées d'**Hébreux 11,1** :
« Or la foi, c'est la ferme assurance des choses qu'on espère, la démonstration de celles qu'on ne voit pas. » (LSG)

Je t'invite à persévérer, à continuer à croire que Dieu, *Jéhovah Jireh*, qui veut dire "le Pourvoyeur", répondra en temps voulu, dans sa volonté parfaite. La Bible nous enseigne que Dieu est fidèle et qu'il ne nous abandonne jamais, ton tour est pour bientôt. Amen.

Une chose, cependant, interpelle. Jésus est Dieu. À ce titre, il est Omniprésent, Omnipotent et Omniscient. Il sait que cet homme est malade depuis trente-huit ans, et cependant, il lui pose la question : "Veux-tu être guéri" ? Pourquoi lui poser cette question, me diriez-vous, puisque le cas qui nous intéresse figure sa feuille de route et de sa nature ? Pour répondre à cette question, retournons dans le jardin d'Éden.

Genèse 3, 11-12 : « Qui t'a appris que tu es nu ? Est-ce que tu as mangé [du fruit] de l'arbre dont je t'avais défendu de manger ? L'homme répondit : La femme que tu as mise auprès de moi m'a donné [du fruit] de l'arbre, et j'en ai mangé. » (Bible Détaillée)

Ce fait, qui peut paraître anodin, pose la question de notre responsabilité vis-à-vis de nos décisions. La réaction d'Adam est une réponse typique d'une personne qui refuse d'assumer sa faute. La stratégie : détourner l'attention de ses propres actions pour les attribuer à une force extérieure. Le fautif ne prend pas ses responsabilités, ne présente pas d'excuse, n'exprime pas de regret. Adopter ainsi, une telle posture, c'est ne pas reconnaître son erreur, et ne pas manifester la volonté de réparer éventuellement les dommages causés. Comme conséquence, cette personne n'apprend non seulement de ses erreurs, mais pire, est incapable de rebondir dans son quotidien familial, relationnel et professionnel.

Dans le cas d'Adam, il accuse « Le Créateur ». Cette attitude peut nous amener à réfléchir sur la manière dont nous, en qualité d'individus, faisons face à nos propres erreurs. Blâmer autrui, même de façon subtile, peut parfois paraître plus facile que de reconnaître notre responsabilité. Autrement dit, si

Dieu n'avait pas envoyé Ève auprès de lui, il n'aurait jamais commis cette faute.

Ce qui est drôle, c'est le même Adam qui dans **Genèse 2, 22-23** :

« L'Éternel Dieu forma une femme de la côte prise chez l'homme, et il l'amena à l'homme. Alors l'homme s'écria : Voici bien cette fois celle qui est os mes os, chair de ma chair. On la nommera "Femme" car elle a été prise de l'homme. » (BLS)

Comment comprendre qu'Adam, qui exulte de joie à la vue d'Ève, puisse, quelque temps plus tard, reprocher au Seigneur Dieu de lui avoir envoyé Ève. Quelle ingratitude ! Dommage que plusieurs parmi nous agissions de cette manière et pourtant, sommes si prompts à juger et à condamner Adam.

Ayant été jugé responsable de nos fautes à travers Adam, car nous sommes tous issus de lui, le Seigneur Jésus-Christ te pose et te posera toujours cette question : "Que veux-tu que je fasse pour toi" ? Tu recevras alors ce que tu auras déclaré et, ainsi, en assumer l'entière responsabilité si encore ta demande est selon sa volonté.

C'est comme prier pour les besoins des fidèles dans l'assemblée pendant le temps de l'intercession. Le pasteur ou la personne chargée de conduire la prière, dit : "nous allons prier pour que celles et ceux qui ne travaillent pas puissent en avoir." Voilà que l'un d'eux, vivant d'allocations, dise : "Amen" à la fin de la prière, les jours suivants, est convoqué par France Travail[6] pour un emploi. Cela paraîtra pour lui un sujet de joie dans un premier temps. Mais, par la suite, voyant qu'il devra se lever chaque matin afin de se rendre au travail, effectuer toutes les autres activités qui vont avec, va commencer à en vouloir au pasteur ou au dirigeant de la prière. Il dira qu'il n'a rien demandé et que s'il vit toute cette "galère", le coupable tout désigné n'est pas lui, car il se plaisait dans l'assistanat.

---

[6] Organisme chargé de trouver du travail aux chômeurs en France

Cela est également vrai dans le cas de la délivrance et bien d'autres situations. Pour certaines personnes, ce sont des vœux faits à Dieu dans leur prière et une fois exaucés, elles éprouvent des difficultés à passer aux actes. Il nous faut être fermes comme Anne. **1 Samuel 1,27-28** :

« J'ai prié pour cet enfant, et l'Éternel m'a accordé la demande que je lui ai faite. Et aussi, moi je l'ai prêté à l'Éternel ; pour tous les jours de sa vie, il est prêté à l'Éternel... » (BFC)

La joie initiale que l'on peut ressentir face à de nouvelles opportunités et la réalité des efforts constants que cela peut exiger fera la grande différence entre deux croyants.

Ici la question est : "Veux-tu être guéri" ? Et toi, quelle question Jésus-Christ te pose-t-il ? Je t'invite à y réfléchir. Aucun sous-entendu dans la question que Jésus-Christ te pose. As-tu assez de franchise pour accepter sa réponse ?

Il était à la piscine de Béthesda, et toi, le Saint-Esprit te localise là où tu te trouves. Tu n'es pas caché(e).

Chapitre 4 - Notre attitude détermine l'action du Seigneur

À la question : "Veux-tu être guéri ?" pour plusieurs personnes, la réponse devrait être "oui". Comment le Seigneur Jésus-Christ te pose une question simple à laquelle tu devrais directement répondre par un grand "oui", voire trois fois "oui", absolument oui, tu fais un discours ?

C'est le lieu de montrer tout le caractère de notre Seigneur et Sauveur Jésus-Christ. Au lieu de juger et de condamner le paralytique comme d'autres le feraient, Jésus choisit de lui accorder son attention, de l'écouter et de faire preuve de compassion. Cela révèle l'amour et la miséricorde du Christ, qui ne se satisfait pas de guérir physiquement, mais se soucie aussi de l'âme et des souffrances intérieures des personnes.

Souvenons-nous de **Luc 10, 5-6** :

« [5]Dans quelque maison que vous entriez, dites d'abord : Que la paix [c'est-à-dire, une bénédiction de bien-être et de prospérité, la faveur de Dieu] soit sur cette maison ! [6]Et s'il se trouve là un enfant de paix, votre paix [votre bénédiction] repose sur lui ... » (Bible Détaillée)

Lorsque nous allons en évangélisation, établissons un contact chaleureux avec celui à qui nous allons annoncer le royaume de Dieu. L'exemple de Jésus nous invite à faire preuve de compassion et de compréhension envers ceux qui sont en difficulté, en privilégiant l'écoute et un accompagnement empreint d'amour, plutôt que la critique. Jésus est appelé le Prince de Paix.

Excellente nouvelle ! Les explications du malade rencontrent la miséricorde du Seigneur et Rédempteur Jésus-Christ.

Un autre point et non des moindres est relevé dans ce passage de **Jean 5,7**[7]. Comparativement à nous, ce malade ignore qui est Jésus-Christ. N'oublions pas qu'il est couché à cet endroit depuis trente-huit ans. Il est donc coupé du monde, ignorant que le Messie est dans la ville, à l'inverse de la femme à la perte de sang **Marc 5, 25-31** ou de Bartimée **Marc 10, 46-52**. Cette affirmation se voit dans la réponse qu'il donne aux pharisiens au **verset 13** de **Jean 5** :

« Mais l'homme qui avait été guéri ignorait qui c'était, car Jésus avait disparu dans la foule qui se pressait en cet endroit. » (BLS)

Lorsqu'il dit "Seigneur" au **verset 7** dans la version Bible Louis Segond, cela n'a pas la même signification que nous l'attendons. Comprenons le sens du mot Seigneur dans la bouche du paralytique. Ce mot signifie littéralement "Maître", "Monsieur".

---

[7] « Le malade lui répondit : Seigneur, je n'ai personne pour me jeter dans la piscine quand l'eau est agitée, et, pendant que j'y vais, un autre descend avant moi. » (BLS)

C'est un titre de distinction. La Bible Le Semeur semble plus proche de cette interprétation ; elle dit au même verset : « Maître, répondit le malade... »

Je prends un exemple : si Mme Anne RIGAIL vous rencontrait à la sortie de France Travail et vous demandait : "recherchez-vous un emploi ?" Si vous ignorez qui est cette dame, je suis certain que vous lui répondriez comme ce malade, vouloir lui expliquer pourquoi vous vous trouvez à cet endroit, etc. Bien évidemment, Mme Anne RIGAIL est l'actuel PDG d'Air-France et, grâce à son statut, peut satisfaire à ce besoin de travail vu l'étendue des postes dont dispose ladite entreprise.

Jésus-Christ est vêtu avec élégance, a une prestance qui impose le respect et, de plus, il est accompagné de ses douze hommes qui sont ses disciples. Cette même attitude s'observe chez les mendiants dans les rues de nos villes, qui ont tendance à solliciter en priorité les personnes ayant une belle apparence. Ainsi, lorsque le malade voit tout ce beau monde venir à lui et en raison de son origine juive, il en déduit que Jésus est un grand maître. C'est donc à juste titre que le malade dit : "Seigneur".

La Bible nous dit, dans **Romains 10, 14** : « Comment donc invoqueront-ils celui en qui ils n'ont pas cru ? Et comment croiront-ils en celui dont ils n'ont pas entendu parler ? Et comment entendront-ils parler de lui, sans prédicateurs ? » (LSG)

Actes 8, 31 :
« Il répondit : Comment le pourrais-je, si quelqu'un ne me guide ? Et il invita Philippe à s'asseoir avec lui. » (Bible Thompson)

Jésus ne pouvait pas, dès son arrivée à la piscine, demander au malade de prendre sa natte et rentrer chez lui. Effectivement, Jésus qu'il fut, le miracle n'aurait pas eu lieu, car, les conditions ne le permettaient pas. Le Christ n'a pas pu faire des miracles dans sa ville natale, si ce n'est juste que guérir de petits maux à cause de l'incrédulité des habitants de Nazareth.

La stratégie de Satan est d'empêcher l'Église du Seigneur de manifester le royaume de Dieu sur un territoire là où des cœurs sont troublés. La conséquence de cette stratégie est que le message de l'Évangile ne porte pas le résultat voulu.

Quand j'annonce la bonne nouvelle du Seigneur Jésus, je l'exécute en faisant preuve d'amour. Lorsque nous partageons la bonne nouvelle, nous devons le faire avec modestie, en gardant les yeux fixés sur Jésus. Notre mission est de refléter une attitude de bienveillance. Amour, miséricorde et patience sont les ingrédients pour toucher le cœur des païens. Nous ne sommes pas appelés à juger ou à condamner les autres, surtout si nous n'avons pas nous-mêmes revêtu le caractère de Jésus-Christ attendu de nous. Annoncer la paix et établir une relation fraternelle avec la personne, puis, pourvoir à ses besoins, si possible, et terminer par lui parler du royaume.

Pour illustrer cette approche, lisons **Luc 10, 5-9** :

« 5Dans quelque maison que vous entriez, dites d'abord : Que la paix [c'est-à-dire, une bénédiction de bien-être et de prospérité, la faveur de Dieu] soit sur cette maison ! 6Et s'il se trouve là un enfant de paix, votre [votre bénédiction] reposera sur lui ; sinon, elle reviendra à vous. 7Demeurez dans cette maison-là, mangeant et buvant ce qu'on vous donnera ; car l'ouvrier mérite son salaire. N'allez pas de maison en maison. 8Dans quelque ville que vous entriez, et où l'on vous recevra, mangez ce qui vous sera présenté, 9guérissez les malades qui s'y trouveront [authentifiant votre message], et dites-leur : Le royaume de Dieu s'est approché de vous. » (Bible Détaillée)

L'épitre de **Jacques 1,19** confirme cette vérité :
« Sachez-le, mes frères bien-aimés. Ainsi, que tout homme soit prompt à écouter [un auditeur attentionné], lent à parler [un orateur de mots soigneusement choisis et], lent à se mettre en colère [patient, réfléchi, miséricordieux]. » Bible Détaillée.

Être prompt à écouter et lent à parler. Dans l'écoute, nous discernons le réel besoin de celle ou celui qui est en face de nous. Par conséquent, le malade ignore qui est la personne qui lui pose cette question. À la femme samaritaine, Jésus lui dira cette phrase **Jean 4,10** :
« Jésus lui répondit : Si tu savais quel don Dieu veut te faire et qui est celui qui te demande à boire, c'est toi qui lui aurais demandé à boire et il t'aurait donné de l'eau vive. » (BLS)

Voici quelques exemples dans lesquels l'attitude du Père Céleste varie en fonction des personnes qui savent qui il est ou non.

<u>Zacharie :</u>

Luc 1, 13 :

« [13]Et l'ange lui dit : Ne crains pas, Zacharie, parce que tes supplications ont été exaucées, et ta femme Elisabeth t'enfantera un fils, et tu appelleras son nom Jean [qui signifie le Seigneur a fait grâce] [...] » (Bible Darby)

Telle est l'annonce à Zacharie, Sacrificateur de fonction, qu'il sera père d'un enfant. Par sa fonction, il doit savoir que l'Éternel l'a déjà fait pour Abraham et cela ne devrait pas être une surprise pour lui, encore moins poser cette question à l'ange.

Luc 1, 18 :

[18]Et Zacharie dit à l'ange : Comment connaîtrai-je cela ? Car moi, je suis un vieillard, et ma femme est fort avancée en âge. » (Bible Darby)

<u>Marie :</u>

Luc 1, 26-30 :

« [26]Et au sixième mois, l'ange Gabriel fut envoyé par Dieu dans une ville de Galilée nommée de Nazareth [...] [30]Et l'ange lui dit : Ne crains pas, Marie, car tu as trouvé grâce auprès de Dieu. » (Darby Bible)

Lorsque l'ange apprend à Marie qu'elle sera enceinte et qu'elle enfantera un fils, Marie pose la même question à l'ange :

Luc 1, 34 :

« Et Marie dit à l'ange : Comment ceci arrivera-t-il, puisque je ne connais pas d'homme ? » (Darby Bible)

Nous voyons qu'à la même question, l'ange a une réponse différente. À Zacharie, Sacrificateur, donc un sachant : **Luc 1, 20** :
« Et voici, tu seras muet, et tu ne pourras point parler jusqu'au jour où ces choses arriveront, parce

que tu n'as pas cru mes paroles qui s'accompliront en leur temps. » (BFC)

Zacharie reçoit un signe qui est, par ailleurs, un jugement de son incrédulité. C'est malheureux ce qui arrive à certains chrétiens qui ont déjà expérimenté la grâce de Dieu et quand arrive une difficulté, doutent de la bonté de celui-ci. L'ange rend muet Zacharie afin que, par ses paroles négatives, il n'arrête pas cette prophétie.

Concernant Marie, l'ange prend le temps de lui expliquer le mécanisme de l'accomplissement de la prophétie, car elle est une jeune adolescente qui ignore totalement la manière d'opérer d'*Adonaï*.

Jésus-Christ ajuste son approche selon la foi, la compréhension et l'attente des personnes avec qui il interagit. Il fait preuve de patience et de bienveillance pour les simples et obéissants, mais adopte une attitude ferme face aux hypocrites et ceux qui doutent.

Luc 9,41 :

« Jésus s'exclama alors : Gens incrédules et infidèles à Dieu ! Jusqu'à quand devrai-je encore rester avec vous et vous supporter ? » (BLS)

Ces dures paroles sont adressées à ses disciples. Ils venaient de mission après avoir été revêtus d'autorité et de puissance pour chasser les esprits impurs et guérir les maladies. Enchantés, les disciples étaient en train de faire le compte rendu de ce mandat au Seigneur.

Marc 9,14-23 : Dans ce récit, le père du fils lunatique interpelle Jésus par ces paroles.

Marc 9, 22 :

« Et souvent l'esprit l'a jeté dans le feu... Mais si tu peux quelque chose, viens à notre secours, aie compassion de nous. » (LSG)

Au verset suivant, la réaction du Seigneur est beaucoup plus dure qu'on pourrait le penser. Lisons.

Marc 9, 23 : « Jésus lui dit : *Si tu peux* ! [...] »

Ce point d'exclamation est la démonstration que le Seigneur a tenu des propos fermes à l'endroit du père. Vivons ensemble cette scène un instant. Toi et moi sommes présents et assistons à cet échange entre le Seigneur et le père de cet enfant.

Voici ce que déclare le Christ, "comment peux-tu douter de moi alors que tu as été témoin de plusieurs miracles que j'ai faits ?" Puis, il lui rappelle le **verset 13** de **Marc 6** :
« Ils chassaient beaucoup de démons, oignaient d'huile beaucoup de malades et les guérissaient. » (Bible Thompson)

Ce verset témoigne des œuvres accomplies par les disciples de Jésus. Ils ont reçu force et puissance pour le faire et c'est à juste titre que cet homme leur a envoyé son fils. C'est justement ce sur quoi revient Jésus. C'est parce que tu as entendu et vu mes disciples accomplir des délivrances et des guérisons dans les villages et des alentours, que tu as apporté ton garçon vers eux pour qu'ils fassent le ministère. Tu avais la certitude que ton fils aurait été guéri. Certes, ils n'ont pas pu résoudre le cas de ton fils, mais douter de moi consisterait à me placer sur le même niveau que mes disciples ! C'est cette offense que le Seigneur Jésus corrige rapidement. La suite du récit montrera que le père de l'enfant reconnaîtra son erreur et demandera à Jésus de faire quelque chose pour son fils.

À la lecture de ce qui précède, nous comprenons pourquoi Jésus n'est pas offensé par le malade à la piscine de Béthesda. Qu'en est-il de l'église dans **Actes 12, 1-16** ? Toutes celles et ceux qui sont dans la maison de Marie, la mère de Jean appelé aussi Marc, prient pour Pierre qui est enchaîné dans la prison d'Hérode. Au **verset 5**[8], il est dit que l'Église priait ardemment pour lui. Elle désirait l'intervention du Seigneur. Plus tard, Pierre est libéré, **versets 7-11**. Il se rend à la maison de Marie, mère de Jean. Là, deux groupes de chrétiens.

---

[8] **Actes 12,5** : « Pierre donc était gardé dans la prison ; et l'Église ne cessait d'adresser pour lui des prières à Dieu. » (LSG)

Celui qui reconnaît la manifestation du Seigneur et celui qui est rempli de doute et de raisonnement.

Actes 12, 13-14 :

« Il frappa au battant de la porte. Une jeune servante, appelée Rhode, s'approcha et demanda qui était là. Elle reconnut la voix de Pierre... : C'est Pierre ! Il est là, dehors, devant la porte. » (BLS)

Lisons la réponse des autres.

Actes 12, 15 :

« Tu es folle, lui dirent-ils. Mais elle n'en démordait pas. Alors, c'est son ange, dirent-ils. »(BLS)

La question à se poser est pourquoi priaient-ils ? N'avaient-ils pas la foi à l'exaucement de leurs prières ?

Pour une grande majorité d'entre eux, ils ont vécu avec le Seigneur Jésus-Christ. On pourrait en déduire qu'ils avaient la foi en lui, qu'il était capable de faire sortir Pierre de cette prison.

Quelle grande tragédie de voir ce genre d'attitude dans le corps de Christ. Être incapable de reconnaître l'œuvre du Roi des rois Jésus, surtout quand leurs prières étaient selon sa volonté[9].

Nous le voyons souvent dans nos assemblées chrétiennes. De nouveaux chrétiens sont l'objet de grâces et de faveurs du Très-Haut, parce qu'il leur montre son amour et sa bonté, comme cette servante Rhode qui devint la prophétesse de ses maîtres.

Faisons un comparatif de l'amour du Seigneur à celui d'une nourrice afin de comprendre l'amour de Jésus. Que fait une nourrice lorsque son bébé pleure de faim ? Si elle l'allaite, elle lui donne le sein, sinon le biberon dans le but de satisfaire aux besoins de son nourrisson. Telle est l'attitude du Seigneur pour son enfant qui vient de rentrer dans son royaume. Quand cet enfant a 10/15 ans, s'il se met à pleurer parce qu'il a faim, pensez-vous que la maman aura le même réflexe que lorsqu'il était

---

[9] La libération de Pierre des mains d'Hérode

nourrisson ? La réponse est sans équivoque, non. Elle va lui indiquer le réfrigérateur ou le garde-manger. La jeune fille ou le jeune garçon est maintenant capable de se servir seul dans le réfrigérateur. À méditer.

Chapitre 5 - L'intervention du Sauveur Jésus-Christ

Revenons sur les explications du malade dans **Jean 5, 7** :

« Le malade lui répondit : Seigneur, je n'ai personne pour me jeter dans la piscine quand l'eau est agitée, et pendant que j'y vais, un autre descend avant moi. » (Bible Thompson)

La réponse donnée par cet homme est d'un bon sens :

1/ En effet, il montre son désir de sortir de cette situation. Il dit : À chaque fois que l'eau est agitée... j'y vais, un autre descend avant moi.

2/ Il montre ses limites et un obstacle majeur. Il n'a personne pour l'aider.

3/ Celui qui le précède reçoit de l'aide.

Analysons les explications de cet homme.

1/ Souvenons-nous de notre introduction. Tous ces malades étaient envoyés pour certains par de la famille, des amis et d'autres arrivaient seuls à l'annonce que des miracles se faisaient à la piscine de Béthesda. Ils s'y rendaient avec l'espoir d'un meilleur lendemain. Une attente toute somme légitime à la vue des miracles et des témoignages de ceux qui y revenaient. Alors, ce monsieur était dans cet état d'esprit. Par ailleurs, il croit que tout est possible pour lui. C'est donc l'espérance qui le conduisait à s'avancer dès que l'eau de la piscine était agitée. Il avait une confiance en l'avenir et cela l'incitait à attendre la réalisation de ce qu'il désirait : Son miracle. Un appel à chacun de nous d'envoyer vers le Seigneur des seigneurs toutes personnes qui se trouvent dans une telle situation, car il *est* et il *a* la solution. Il le démontre au travers des messages d'**Ésaïe 61,1-2** et de **Luc 4, 18-19** :

« L'Esprit du Seigneur est sur moi, parce qu'il m'a oint (Pour guérir ceux qui ont le cœur brisé ;) Pour annoncer la bonne nouvelle aux pauvres ; il m'a envoyé pour proclamer aux captifs la délivrance, Et aux aveugles le recouvrement de la vue, Pour renvoyer libres les opprimés, Pour proclamer une année de grâce du Seigneur. » (Bible Thompson)

2/ Il n'a personne pour l'aider. Plusieurs cas de figure peuvent être utilisés.

a) Il a été conduit en ce lieu par ses parents. Ceux-ci avaient beaucoup d'espoir de voir leur garçon guérir. Ils étaient donc assidus à cet endroit seulement, rien ne se passait avec le temps. Le père et la mère l'ont abandonné, certainement à cause des charges professionnelles pour le père et domestiques pour la mère.

b) Il y est allé avec son épouse. Plusieurs mois et années passent sans la perspective de guérison. Les visites se sont de plus en plus espacées, puis s'estomper. Elle a décidé de refaire sa vie, assurément à cause du poids de la famille et même de la société.

c) Autres cas de figure. Ses enfants ou des amis l'auraient accompagné à la piscine de Béthesda. Notre malade a fini par se retrouver seul après un certain temps, faute de miracle.

Il se retrouve sans personne pour lui prêter main forte et laissé à lui-même.

3/ Comparativement à lui, il remarque que les autres malades sont mieux soutenus. Ainsi, ils arrivent toujours à le devancer dans le bassin de la piscine. Les enseignements que nous pouvons tirer de tous ces cas se retrouvent dans **Matthieu 28, 19-20**[10] : Après avoir évangélisé une personne ou accompagné dans le temple, après la prière du salut, il faut la

---

[10] **Matthieu 28, 19-20** : « [19]Allez, faites de toutes les nations des disciples, les baptisant au nom du Père, du Fils et du Saint-Esprit, [20]et enseignez-leur à observer tout ce que je vous ai prescrit. » (LSG)

consolider dans la foi et dans sa nouvelle famille chrétienne, la conduire au baptême, la former jusqu'à ce qu'elle devienne une disciple de Jésus afin que le cycle se prolonge. Parce qu'elle est devenue une disciple du Seigneur.

C'est dommage de constater que plusieurs sœurs et frères dans nos assemblées tournent en rond des années durant simplement parce qu'il leur manque un accompagnement et une formation. C'est vraiment une situation préoccupante. Le manque de formation au sein des églises peut souvent freiner la croissance spirituelle et l'engagement des croyants. Sans une formation solide, les sœurs et les frères peuvent se retrouver dans une sorte d'immobilisme, répétant les mêmes erreurs ou n'ayant pas les outils nécessaires pour avancer dans leur foi. La formation permet non seulement d'approfondir la connaissance des Écritures, mais également de développer des compétences pratiques pour le service, l'évangélisation et une vie chrétienne plus épanouie avec le caractère de Christ Jésus.

La Bible elle-même met l'accent sur l'importance de l'enseignement et de la formation. **Éphésiens 4,11-14** :

« C'est lui qui a donné les uns comme apôtres, les autres comme prophètes, les autres comme évangélistes, les autres comme pasteurs et docteurs, pour le perfectionnement des saints. Cela en vue de l'œuvre du service et de l'édification du corps du Christ, jusqu'à ce que nous soyons tous parvenus à l'unité de la foi et de la connaissance du Fils de Dieu, à l'état d'homme fait, à la mesure de la stature parfaite du Christ. Ainsi nous ne serons plus des enfants, flottants et entraînés à tout vent de doctrine, joués par des hommes avec leur fourberie et leurs manœuvres séductrices. » (Bible Thompson)

Une formation de qualité permet aux chrétiens de discerner la vérité de la foi et de se protéger contre de fausses doctrines. En investissant dans la formation, les églises permettront à leurs membres de mieux comprendre leur appel et de développer leur plein potentiel pour le service de Dieu.

C'est une responsabilité que les dirigeants d'églises doivent prendre au sérieux, en mettant en place des programmes adaptés à chaque niveau de maturité. À cet effet, je tiens à remercier le pasteur Dorothée Rajiah, pasteur principal de l'église Paris Centre Chrétien "P.C.C" en région parisienne d'avoir mis en place un cycle de formation pour chaque niveau appelé ; les Cours de Croissance du niveau 1 et 2, jusqu'à l'École Biblique Internationale.

À titre d'exemple, citons **Matthieu** 7,7 : « Demandez, et l'on vous donnera ; cherchez, et vous trouverez ; frappez, et l'on vous ouvrira. » (LSG)

Quand faire la demande (la prière de requête) et non frapper (la prière de combat) ? Quand chercher (la prière de consécration) au lieu de demander ? Certains chrétiens, à défaut de formation, restent bloqués sur certaines pratiques. Ils font toujours des prières de combat, à chasser des démons alors que ceux-ci sont vaincus, tandis qu'ils devaient passer à l'étape suivante, celle de louer le Seigneur Jésus-Christ pour avoir exaucé leurs prières, ils continuent à frapper.

Alors, n'avoir personne pour l'aider à sauter en premier dans la piscine reste un grand handicap non seulement au chrétien, mais encore à toute personne désireuse de se réaliser. Ainsi, lorsque le Seigneur Jésus-Christ écoute cet homme, pendant qu'il fait son argumentaire, il comprend la situation dans laquelle se trouve le paralytique. Il perçoit l'espoir, les besoins et les obstacles qui freinent le chemin du malade.

C'est dans cet esprit de miséricorde que Jésus agit, offrant non seulement la guérison physique, mais encore le pardon des péchés, ce qui montre qu'il est venu restaurer l'homme aussi bien spirituellement que physiquement. Au lieu de le condamner ou de le reprendre, il accomplit la mission à lui confier par le Père Céleste.

Jean 5, 8-9 :

« Lève-toi, lui dit Jésus, prends ton lit et marche.

Aussitôt, cet homme retrouva la santé ; il prit son lit et se mit à marcher.

Oh Alléluia ! Qu'il est bon d'obéir à la voix du Seigneur Jésus-Christ !

La situation sociale de cet homme a totalement changé depuis ce jour.

Même si tu es attaché à une pratique dans laquelle tu as mis une espérance, il y a un jour pour toi de faire la rencontre de la véritable solution.

Ce malade, qui avait placé son avenir dans cette eau bouillante de la piscine de Béthesda, a été confronté au véritable remède. »

Conclusion

Comme le malade de la piscine de Béthesda a fait la rencontre avec le Seigneur Jésus-Christ et a vu sa situation spirituelle, physique et sociale passée du chaos en bénédiction, nous aussi, nous devons permettre à d'autres personnes de recevoir cette transformation positive en Christ Jésus.

En effet, il nous a confié une mission avant son départ. La mission que nous a laissé le Seigneur est de faire des Nations ses disciples. **Matthieu 28,19-20**[11].

En partageant l'Évangile qui est la bonne nouvelle de l'amour de Jésus-Christ, nous devenons des instruments du Maître dans ce monde en perdition spirituelle totale, où ce qui est mal devient

---

[11] **Matthieu 28,19-20** : « [19]Allez, faites de toutes les nations des disciples, les baptisant au nom du Père, du Fils et du Saint-Esprit, [20]et enseignez-leur à observer tout ce que je vous ai prescrit. » (LSG)

la norme, les valeurs familiales et sociétales sont bafouées.

Comme Néhémie, nous sommes des réparateurs de brèches dans cette société. Agissons pour que nos biens aimés et ceux qui sont loin du royaume de Dieu puissent y entrer et jouir de toute la grâce et des richesses du Père Céleste, le *Jéhovah Jireh*.

Pour entrer dans le royaume de l'amour de Dieu, croire en ces versets.

Romains 10,9 :

« C'est pourquoi, si tu confesses le Seigneur Jésus de ta bouche, et que tu croies en ton cœur que Dieu l'a ressuscité des morts, tu seras sauvé. » (Martin Bible)

Jean 1, 12-13 :

« Mais à tous ceux qui l'ont reçue, à ceux qui croient en son nom, elle a donné le pouvoir de devenir enfants de Dieu, lesquels sont nés, non du sang, ni de la volonté de la chair, ni de la volonté de l'homme, mais de Dieu. » (LSG)

Je termine de te raconter le récit de la piscine de Béthesda en te disant ceci : dans sa réponse, l'homme reconnut que la guérison était possible (l'eau était agitée de temps en temps) et qu'il avait très envie d'utiliser ce moyen de guérison (il avait bien essayé d'entrer dans la piscine), mais il avoua qu'il ne pouvait pas y parvenir seul[12].

Dans l'introduction, nous avons fait mention des grandes campagnes d'évangélisation. Ces grandes évangélisations étaient des rassemblements dans lesquels la parole de Dieu était proclamée et où de nombreux miracles se produisaient. Sache-le, ces rencontres spirituelles n'étaient et ne sont pas une invention humaine, mais bien divine. Elles se tiennent encore aujourd'hui.

---

[12] Commentaire biblique contemporain page 1360

En effet, en lisant l'Évangile de **Luc 4, 40-41** :

« Au coucher du soleil, tous ceux qui avaient chez eux des malades atteints des maux les plus divers les amenèrent à Jésus. Il posa ses mains sur chacun d'eux et les guérit. Des démons sortaient aussi de beaucoup d'entre eux en criant... » (BLS)

Terminons avec le disciple de Jésus. Tu as reçu la Bible qui contient deux testaments dont les contenus sont ton héritage. Alors, lève-toi et prend possession des promesses du Testamentaire.

Confesse **Luc 4, 14-18** sur ton ministère :
« Merci Seigneur pour le transfert que tu m'octroies. Je suis revêtu de ton Esprit pour exercer la délivrance du pauvre (spirituellement, matériellement, financièrement, socialement et exclu de la société...) le recouvrement des yeux aux aveugles spirituels et physiques afin de recevoir le salut, la liberté aux prisonniers pour que le pardon des péchés leur soit donné, leurs dettes remises, les

sortir des prisons spirituelles comme : Paul et Silas ainsi que Pierre, de déclarer la grâce selon toi, Père. »

Amen.

À toi qui es dans le tourment, à la lecture des lignes de ce livre, j'ai une très bonne nouvelle pour toi : quelle que soit ton épreuve, la durée de celle-ci, tu n'es pas seul. Seulement, veux-tu laisser le Seigneur Jésus-Christ te manifester sa grâce et te dire "Va, qu'il te soit fait selon ta foi" ?

Avertissement

Jean 5,14 :

« Peu de temps après, Jésus le rencontra dans la cour du Temple. Te voilà guéri, lui dit-il. Mais veille à ne plus pêcher, pour qu'il ne t'arrive rien de pire. » (Bible Le semeur)

Cet avertissement concerne l'avenir : le péché a des conséquences, et même des conséquences éternelles. Celui qui a été au bénéfice de la grâce de Dieu se doit de passer par un profond changement.